„Wenn man moralisch sein will, ist es besser, alles zu vermeiden, was lebendig ist, denn das Leben zu wählen, anstatt sich damit zu begnügen, am Leben zu bleiben, heißt nur Ausschweifung und Verschwendung."
Georges Bataille

Bibliografische Information Der Deutschen Nationalbibliothek:
Die Deutsche Nationalbibliothek verzeichnet diese Publikation in der Deutschen
Nationalbibliografie; detaillierte bibliografische Daten sind im Internet
über http://dnb.d-nb.de abrufbar.

Erste Auflage 2008

Visuelle Konzeption und Gestaltung, Satz: GESTALTIG, Paderborn, www.gestaltig.de
Herstellung und Verlag: Books on Demand GmbH, Norderstedt 2008
Zitat Seite 1: Bataille, Georges (2006): Das Blau des Himmels, S. 215, Matthes & Seitz
Verlag Berlin

ISBN-13: 9783837062991
Printed in Germany

für Steffie

Inhalt

Kapitel 1
In Tränen getunkt

Die Stille

Einst trat ein Reisender die Reise an
die Heimfahrt zog ihn magisch an.
Doch 5 Tage mussten vergeh'n –
Die Heimfahrt kam erst dann!

Fünf Tage war die längste Zeit,
viel Zeit verbrachte mann –
kein Tier, kein Haus – weit und breit;
mit dem Mann, der nur sprechen kann.

Die ersten Stunden waren wie Jahre,
und oft kam Sie langsam wieder.
Alkohol war begehrte Ware
Die Stille – auf Pfötchen wie beim Tiger.

Und selbst die längste Zeit ist mal zu Ende
Aus dem Regen wurde Sonnenschein,
und mann erreichte die Wende –
der Anfang für einen Keim!

Am fünften Tage sah er Sie wieder,
er fiel vor Glück fast auf die Knie nieder –
vor Freude sich entflammt ein Kuss
an dieser Stelle sei jetzt Schluss.

12
Ein dunkler Ort –
man sieht ihn,
hier und dort.

Doch die Meisten sahen ihn nicht,
denn er dunkler als das Dunkelste ist.

Nur der Suchende findet mit List,
dass da noch was ist;
und geht er darauf hin
um dem Einsamen zu fragen
mit seinem Witz im Sinn
wird er *geschlagen*

Durch Geduld und Zahm
der Ritter öfters kam
mit Liebe in seinem Arm
versuchte er ihr zu entzücken
und Maiglöckchen zu pflücken

Da er dachte die richtige Zeit ward gekommen
Unterschätzte er diesen Wurz
und wie gewonnen so zerronnen
das war sein Sturz.

Gefangen in der Dunkelheit
Verlassen von der Einsamkeit
ist er noch gescheit?

Ab und zu kommt Sie vorbei,
so will er mit ihr sprechen –
Sie zeigt ihm allerlei,
läge es in seinem Ermessen
so fehlt ihm das richtige Wort
er beginge Mord –
doch die Wahrheit spricht er nicht,
Ihr direkt ins schönste Gesicht
wie Smaragde funkeln diese,
grün wie die grünste Wiese
und blau –
blau – wie der Wind persönlich
nicht blau – wie gewöhnlich.

Jeden Tag stirbt er einen Tod,
bekommt er von Ihr ein Lob,
so blüht er auf für kurze Zeit
denn auch die schönste Blume trifft das Leid
und das einzige was bleibt –
ist die Erinnerung:

Einst von dem was übrig blieb.

und neu erblühte

Die Einsamkeit –
machte sich b r e i t,
Die Hoffnung war da,
und wenn *Sie* da war
Dann war alles klar!

so erlosch die Dunkelheit
und drehte sich zur Helligkeit.
Der Ritter nicht wußt' wo er stand,
ob in der Mitt oder an dem Rand,
oft verlor er den Verstand!

An einem zweiten Tag
Sie – bei ihm eintrat –
Brachte *Sie* ihm alles wieder,
und die Liebe, war der Sieger!

Aus diesem einst so kleinen Spross
Entsprang ein mächtiger Baum,
so kraftvoll wie ein Ross –
einen zweiten gibt es kaum!

und wenn Sie auch sich öfters bräunt –
Sie öfters nur von einem träumt –
Dem einst so simplen Freund;
Der heute nur noch von *Ihr* träumt!

Die Wahrheit spricht nur selten klar –
Doch eines – eines ist jetzt schon wahr.
Die Liebe ist wie ein Schuh,
Dutzend stehen da –
Der Richtige – das bist *Du*!

So wollte mann nur eines zeigen,
träume sind zum träumen da,
einer musste leiden,
für den anderen, sind sie wahr –
fürchterlich, so ist die Gier;
irgendwann, ist – *Sie* – da –
eingeschlafen – neben mir!

Für sie

16
Der Kummer ist da
unbezifferbar – eingebrannt!
Die Welt steht still, nur für Dich –
für *Uns*.
Was uns verbindet ist Zeit!
Jeden Tag drehen Menschen die Welt,
Du auch!
Und auch Liebe hält sie an.
Wenn sie steht, hast Du Zeit –
viel Zeit – die Du haben wolltest.
Jetzt ist sie dein schlimmster Feind!
Was sich nun dreht sind deine Gedanken,
viel zu spät – ES IST VORBEI!
Jetzt weißt Du wo Du stehst
Und Du stehst alleine.
Ich fühle mich nackt und kalt.
Innerlich ist man tod:
Dein Geist und deine Seele sind leer,
dein Herz gebrochen!
Dein Körper hält dich auf zu sterben.
Der Tod wäre angebracht – wofür noch leben?
Was mich noch erwartet, will ich nicht wissen.
Was war – ist – und bleibt – und wird sein.
Abschied ist nie leicht – *Nie*!

Wir waren König und Königin

Nun in Scherben liegend –
aus dem Eins einst scheinend zu sein.
Krabbelnd und fliegend
nie wieder dieses Glück zurück kriegend?

Dunkel funkelt die Sonne,
doch der Mond scheint hell,
ihr Licht durchfließt mein Gesicht –
nur er – alles andere ist zu grell.

Zwei Familien sind mir verloren gegangen
es sind zwei mächtige Stämme
ich bin nun selbst gefangen
und wie ich jetzt erst erkenne
nicht wert Teil dieser zu sein
mein Charakter ist nicht so fein
als dass ich durch ihn
Eintritt in diese bekiem.
Kristallklar und Frei diese sind
nicht wie bei einem Kind
und nicht so, wie bei mir
vergiftet der Geist und die Gier.

Doch lernen kann ich noch
Selbst aus diesem tiefen Loch.

Ein Haufen Scherben –
das bin ich –
kann es nicht verbergen
die Liebe liebt mich nicht!

Ohne Titel

Ich weine nicht oft
charakterlos krabbel ich durchs leben
hetzend nach abwechslung

leid ist alltäglich
immer nur an alle Zeiten denkend
elendig und schleppend
bedeutet Sie mir doch alles
ewig mit *Ihr*

Schönheit ich verlor
Irgendwo und nirgendwo
Etliche versuche versuchend
Besprach ich zuvor alles
Erledige ich nun alles
Nie so weiter leben wollend…

Ohne Titel

> die Angst vor dem Tod,
> ist die Angst vor sich selbst –
> was dein Herz Dir vorgab zu verbergen,
> es verbug, was Dir fehlte!

Sie liebte
er liebte
    Sie liebte
er liebt
wie er liebt und liebte, was *Sie* liebte

Unsere Liebe

20 Unsere Liebe war heiß –
heißer als je ein Vulkan Lava speien wird.

Jeder Tag war unser –
wir konnten nicht ohne uns.
Wir waren eins und doch
nun sind wir es nicht mehr.
Dein Licht brachte selbst
mich zum erleuchten.

Wer war gegen uns?
Unsere Liebe beflügelte alles
und uns, die wir in *un*-
geahnte Höhen hinauf getrieben
wurden.
Alles war möglich –
denn unsere Liebe ließ dies zu!

Ich gebe der Menschheit preis:
Ich hatte den größten Schatz!
Ich war einer der wenigen,
die nicht nur die Schatztruhe gesehen haben,
nein; ich habe auch ihren Inhalt gesehen.
Ein ungeahnter Schatz,
tief versteckt im Inneren des Herzens.

Unsere Liebe ließ keine Zweifel zu,
denn niemand wagte es zu zweifeln.
Alle sahen die Liebe
und zwei Menschen
die sie personifizierten.

Ein Traum den wir träumten
und doch war er real –
träumten wir nur?
Für mich war er die Wirklichkeit!

Ich quäle mich selbst
ich leide –
doch das ist mein Leben.
Ich werde es nicht leugnen,
denn es wird mich begleiten.

Emptiness

A cover filled with pain and sorrow –
nobody can see this,
except yourself.

You could cry like a river
and scream that the universe would be destroyed –
enjoyable about silence.

Did I lose something?
Perhaps my heart?
No, it's full of pain
it must be inside!

In the beginning you lost your love
and now – losing yourself!
losing your identity, happiness, freedom, thinking…

Give up completely!
No time and space exists for you
sinking in the past.

Do you know how the world looks now?
Your thoughts turn around like a merry-go-round.

Give my past back!
If I were god –
Everything I could change.

Somewhere

Everybody lives his life,
me and you, too –
Superficial or intensive!

Nobody knows our world –
Now and then we look out of it!

Our friend is the darkness,
Every second happens something around us
Everywhere is movement –
but we have our own time,
it seems that we exist not at all!

Captive in your own prison
Or did we take us to prisoners ourselves?

The sorrow gags us –
I wish I could wake up
and everything was a dream!

Ohne Titel

24
In der Zeit
in der man denkt
weit und breit
es mich fängt

Sie hat mich wieder
zwei Welten
geh' ich nieder?
kann das gelten?

Langsamkeit breitet sich aus
Leere in meinem Haus
wo es Liebe einst gab
stehe ich nun am Grab
In solchen Momenten
jeder kann es sich denken
kommt Sie wieder
doch ich knie nieder
die Wahrheit zwingt mich auf die Knie -
eine Tiefe wie nie

Ohne Liebe ist die Welt so einsam

Die Welt, sie dreht nicht mehr
alles was zählte, ist nun leer!
Sie war es
niemand anderes!

Er könnte weinen –
man wird wohl meinen,
tut er es, oder tut er es nicht –
es steht ihm im Gesicht.

Traurigkeit und Leere
führen zu einer Schwere
unbeschreiblich und den Atem nehmend
das Leben lebend

Es gab nur eins
eins wie keins –
was Glück brachte
wenn er dran dachte
wuchsen ihm Flügel
ansonsten gab's nur Prügel.

Kapitel 2
des Namens Würdigkeit nur ein Schatten seiner ganzen Pracht!

Ein Herbsttag

der Herbst hat begonnen –
die letzten Häuser werden schnell noch fertig gestellt
und das Feuer wird entzündet
er wärmt sich an ihr und
sie an ihm.

das Geheimnis ist erkannt –
der Winter kann bei ihnen kommen
und er kann ihnen nichts anhaben
er wird ihn überstehen und
sie auch, mit ihm.

die, die es nicht erkannt haben –
die, die einsamen
und verlassenen, werden heimgesucht
er wird ihm gegenüber stehen
sie wird ihn auch erblicken.

das eigene Spiegelbild sehend –
die Erkenntnis über das eigene Unwissen
und das Akzeptieren das keiner hinter einem steht
er erstarrt in seiner eigenen Kälte
sie haben alleine keine Chance.

die eigene Kälte hat sie gefangen genommen –
der Frühling wird sie wieder sanft wecken
und sie werden wieder einmal die Möglichkeit haben, dass
er sie finden kann und
sie haben bis zum nächsten Herbst…

Dunkle Wolken

Reinste gegenwärtige Ideen der Zukunft
Durchsetzt von dunklen Wolken
Ziehen über mich,
Unvollständigkeit kämpft gegen Zufriedenheit
Und droht zu gewinnen,
es steht auf Messers Schneide,
denn das neu entdeckte Bewusstsein
über einstige Narben erschuf
das längst vorhandene Wissen über
reale Schmerzen –
im Herzen…

Zeit der Wahrheit

Du siehst alt geworden aus,
dieser Zauber bröckelt von deinem Gesicht
und bringt längst da Gewesenes ans Licht,
Echtes offenbart sich durch Wahrheit enthüllt,
die Zeichen der Zeit schnitten sich ins Fleisch –
wahre Leute werden gezeichnet!

Ohne Titel

Die alten Feuer wurden wieder entzündet –
Die alte Glut entflammt zu altem Licht
Aus dunklen Tiefen –
Geschriebenes wird abermals gelesen
aber dieses Mal von Unbekannten bekannten –

Alte Wege werden entdeckt
Und neu begangen –
Frische Spuren drücken sich in alten Staub
aus längst vergangener Zeit!

Der Kreislauf des Lebens

Bünde werden geschlossen,
deren Existenz
nie
gedacht wurde,
Feinde ziehen vorbei,
Freunde vollziehen ihren triumph
Im Herzen –
Sie erinnern ein an einen selbst!
Was das Herz geschmiedet weilt
ewig!

Ohne Titel

34 Aufbrausende Momente blenden
kurz auf ——— Schreitende Schritte
entlang von kurzen Linien; ———
Wege werden in Gang gesetzt
——— und Menschen allerorts tref-
fen aufeinander ——— von einem
Gedanken entfesselt! ———
Entschwunden und doch im
Herzen ——— ein Platz auf EWIG
——— was einst war, schien verlo-
ren und ist doch ——— jetzt auf
EWIG. ——— Schenkt ihm ein
Lächeln, ——— denn an dem Ort,
——— wo er jetzt ist, werden Träu-
me wahr…

Ohne Titel

Was dein Herz in sich –
beherbergt –
sind die Säulen deiner Welt –
Unsterbliche und Unsterbliches
vereinigt im Ewigen;
in einer reinen kristallinen Form
in einer Existenz
deren Ursprung
Gott selbst ist!

Begebenheiten und entblößte Zuneigungen
deren Worte unausprechbar
deren Schrift unlesbar
auf Ewigkeit eingebrannt
in Herz und Seele
konserviert wird.

Ihre Entdeckung schockiert
die Einfachheit des Lebens
und das Düpieren jeglichen Handelns.

Verletzt Euch einander nicht!
        Verletzt doch bitte niemanden –
denn was Gefühle gebären
ist der Stoff aus dem Träume sind

Laßt Träume nicht wahr werden…

Stille

Ich liebe es –
Die Tür weit geöffnet
Kalte Luft strömt hinein
Und die Frische nach dem Gewitter
nimmt Einzug in meinen Körper.
Ich liebe diese Stille draußen
Und die Ruhe der Einsamkeit –
Ein Moment des Inneseins –
Des Stillstands
Und doch drängt es mich nach Taten.
Einst kannte ich nur die rasche Bewegung,
doch seit einst,
kenne ich beide Seiten.
Die Seiten kenne ich – beide.
Sie hat sie mir gezeigt –
vereint und in sich perfektioniert,
für mich.
Doch nun bin ich allein,
unvollkommen und verdammt
mit dieser schnellen Langsamkeit
fertig zu werden.

Ohne Titel

Meine Freunde, dieser Brief – an Euch beide gerichtet, soll nicht meine Geringschätzung zeigen, sondern vielmehr meine Verbundenheit zu Euch – und damit auch zu uns.

Einst aus fernen Tagen zusammengetragen,
zusammen geflogen, geträumt, Wege bestritten
und nun in neuen Tagen
– reifer, älter –
und doch die Früchte aus vergangenen Ernten
in kleinen und großen Körbchen dabei habend.
Wie schön die Früchte gereift sind!
…in neuem Glanze, im Geschmack der alten Tage,
stechen sie empor…

Ein süßer und
– zugleich –
säuerlicherer Geschmack macht sich auf meiner Zunge breit.
Erinnerungen,
die an ihrer Intensität sich selbst suchend,
Realitäten verändern können.
Träume, aus dem tiefsten, mit Gefühlen überschwemmt,
zerreißen jegliches anderes um mich herum und ziehen aus
sich selbst heraus Traurigkeit an –

Doch nun ist auch die Freude aufgestanden
und vertreibt mit ihrem Ehrgeiz und
ihrer unbezwungenen Aufmerksamkeit
die Armada der Tränen.

An diesen Kampf werden sich die Tränen noch über Generationen zu erzählen haben.

Ohne Titel

38 Eigentlich sollte mir zum weinen sein,
doch nun weintest du –
wie ungerecht es doch ist.
Sollte ich doch weinen –
Voller Trauer über das was geschah
Und über das was ist.
Sei mit mir,
und ich weiß,
du bist bei mir, in mir;
manchmal
macht sich Traurigkeit breit,
wenn ich bemerke wie einsam man sein kann.
Was ist das Mark des Lebens?
Auf dem Weg des Weges begreift man,
dass vieles zurück bleibt,
ohne das man es zurück lassen möchte…
Wie viel lass ich zurück und wie viel kann ich mitnehmen?
Ich denke, schon jetzt habe ich einen Teil
nicht mitnehmen können,
den ich gerne hätte mitnehmen
müssen…!

Ohne Titel

Ich distanziere mich von mir selber und stelle fest in welch einer Einöde ich stehe. Verlassen von all den mir wichtigen Leuten, umgeben vom Abschaum. Falsche, aufdringliche Leute, die einen der Freude und des Glücks berauben. Was für ein unwirklicher Ort – hier – und dennoch meine Realität. Mein Ziel vor Augen, und doch immer ein Blick zur Seite schweifend, beobachtet von den Anderen – neidvoll, falsch und verlogen. Niederträchtig täuschen sie einen und saugen einen langsam aus, ohne dass man es mitbekommt.

Wo ist meine Armee?
Wo sind meine Leute?
Haben sie mich verlassen oder verließ ich sie?

Neue Augen schauen mit alter Treue in die Nacht der Vergangenheit und sehen vergangenes Glück. Tränen der Ehrlichkeit kullern ein tief durchschürftes Gesicht hinunter. Wartend dass die jugendliche Fassade abbröckelt und wahrhaftige Schönheit sich zeigt. Die Erkenntnis war schmerzvoll und ist es immer noch. Wahrhaftig und intensiv, wie am ersten Tag. Der Verlust eingebrannt ins Herz, mit Jahren bezahlt. Ein lebenslanger Verlust, deren Einzigartigkeit besiegelt worden zu sein scheint Bitte lassen sie mich mein eigenes Glück spielen. Sie müssen wissen ich bin ein sehr guter Schauspieler, ich spiele mir schon die ganze Zeit etwas vor.

Warum?

Na ja, zum einem natürlich für die anderen, aber auch, da mich ansonsten der Schmerz in Millionen von Stücken zerreißen würde. Augen, die die Welt schon längst losgelassen haben. Sie schaut hindurch, unberührt in einer anderen Welt, fern von allem Unbetrübten.

Ohne Titel

Mit neuem Wissen
– wie neugeboren –
Und doch altes Wissen nur erneuert,
dass Freundschaft mehr ist, als Zeit ihr anhaben kann.
Gute Musik durchströmt meinen Körper,
lässt mich in positiven Gedanken und Erinnerungen
schwenken, hoffen, träumen –
Mit meinen Herzen bin ich bei Euch,
in euren Momenten in denen ihr auch immer tun mögt,
was ihr tut, aber ich bin irgendwie dabei.
In solchen Augenblicken auf mich selbst blickend,
was ich wohl tat und tu'
und eben leicht fertig sagend:
Denker denken eben,
Maler malen eben,
Zeichner zeichnen eben und
Ingeneure ingeneuren eben, den ist eben nix zu schwör.

Vergessen wir das morgen! –
denken genüsslich an das Gestern und
genießen das Jetzt mit anderen, mit uns und euch.
Sorgenfrei, losgelöst –
Dem wirklichen Leben lustvoll begegnend
Und dem Rest trotzend –
Frei ist wer frei denkt!

Zwei Männer

wenn zwei männer schweigend
und wege zusammen, dahin gehend
von gemeinsamen gedanken treibend
der wind flüstert, dahin wehend

dann kann stille mehr sagen
als worte es je versuchen zu wagen

anschauend mich treue augen
echtes mir empor tritt

Gedanken an meinen Großvater

42 Erinnerungen, fest vertaut mit der Vergangenheit
zurück gelassen
verbunden mit der Ewigkeit
Hinterlassenschaften, die Du erschaffen hast
leben in mir weiter

Deine Tugenden sollen auch meinen Weg pflastern
mein Wasser in den Wüsten der Welt sein

Tränen verlassen mein Herz
welches an diesem Tage aufgerissen wurde
Lass aus diesen Tränen neue Sterne werden

Sie sollen mir einen Weg zeigen,
den ich selber noch nicht kenne

aber fest vertaut
geführt durch unsichtbare Hände
wird auch diese Reise irgendwann
ein Ziel erreichen
welches mich dann zu Dir führt

– verbunden mit der Ewigkeit

Ohne Titel

Was haben wir schon gelernt?
Oh, entschuldigen Sie das wir –
Vielleicht sind Sie gar nicht involviert.
Und vielleicht haben wir uns schon längst geduzt,
aber bleiben wir lieber beim Sie,
dann sind wir auf der sicheren Seite,
auch wenn ich Sie kennen sollte –
aber wen kennt man heutzutage schon?! –
nicht mal sich selbst, geschweige denn andere…

Wenn wir nichts gelernt haben,
hat sich das Opfer nicht gelohnt,
auch wenn es sich nie lohnen wird,
so bleibt es doch das was es ist,
nämlich: es war!

Lesen Sie das langsam,
denn es soll langsam ihren Rachen runterlaufen,
sie werden sich nicht daran verschlucken,
aber sie werden glauben daran zu ersticken,
aber sie werden es nicht –
das ist der bittere Geschmack,
welchen ich Ihnen zeigen wollte –
ist er nicht irgendwie erquickend?

Stolz

Jeder ist in seinem Stolz gekränkt und
jeder hat dafür bezahlt –
dafür, dass nun alle wissen wo sie stehen

Aus diesem entsteht das Neue
welches niemanden bekannt ist
aber das wird die Zukunft sein –
mit uns oder ohne uns.

Ohne Titel

In Wünschen und Träumen versinkend,
Pfade in die Vergangenheit
scheinen meine Zukunft zu pflastern
Stimmen verstummen zu der Frage
welchen Weg ich wohl gehen werde
schon längst gesponnene Bänder
werden sichtbar und
lassen eine Hoffnung erblühen,
die es ohne sie nicht gäbe.

46   wir stehen nur noch vor unseren eigenen Trümmern
und versuchen zu versteh'n
wie es dazu kam.
Wie konnten wir das alles so lange ignorieren?
Dieses Verständnis ist quälend,
und der Verstand möchte einen davon abbringen,
doch wer die Augen öffnet
wird die Scherben in seinen Füßen spüren –
wir ziehen eine Blutspur
von unserer Geburt bis jetzt,
hinter uns her.
Wenn wir zu lange an einer Stelle
stehen bleiben,
drohen wir in unserem eigenen Blut
zu ertrinken.

Was uns bleibt ist,
diese Trümmer anzuschauen
und zuzuschauen,
wie wir unser eigenes Ende selbst erfinden.

Nackt und Blind

Falsche Blindheit,
ungedankter Dank,
Stille, wo Worte hätten fallen müssen
Und Worte wo Gefühle hätten sein müssen.
Wo waren diese *Gefühle*?

Aber aus Untaten werden Sorgen geboren,
aus Unausgesprochenem wird Greul und Qual –
Pein für die Seele.

Augenblicke werden zu Gedanken, die weit entfernt
Zum Leben gedacht werden, welches so nie stattfand.
Aber genau in diesen liegt der Nexus des Lebens
Und zugleich auch seine eigene Zerstörung, des Ichs.

Ohne Titel

Diese Welt
gerät aus ihren Fugen
Ordnung einst herrschte
tun sich nun Abgründe auf
deren Zauber nur ein Wort zulässt:
Phantasie!

Das was einst erbaut
wird nun
durch sie zerstört...

Für sie
die die Werte
hilflos an erster Stelle still stehen
ist der Untergang tragisch

die neue Ära
wird die alten Samen vertilgen
und neue Götter werden entstehen...

Ohne Titel

Einst sprach ich mit meiner Seele;
Nun, wo mein Herz Tod ist –

Spricht nur noch mein Geist…

Mein besonderer Dank gilt Michael und Pascal,
die mich nicht nur direkt – durch Ihre ganz individuelle Art –
bei der Realisierung dieses Buches unterstützt haben,
sondern auch und gerade durch Ihre jahrelange Freundschaft
sensibilisiert und begleitet haben.

Zu weiterem Dank bin ich verpflichtet gegenüber Tina,
sowie meinen Eltern und allen nicht hier erwähnten Freunden,
im Besonderen Christine und Matze.